BEI GRIN MACHT SICH IHR WISSEN BEZAHLT

- Wir veröffentlichen Ihre Hausarbeit, Bachelor- und Masterarbeit

- Ihr eigenes eBook und Buch - weltweit in allen wichtigen Shops

- Verdienen Sie an jedem Verkauf

Jetzt bei www.GRIN.com hochladen und kostenlos publizieren

Bibliografische Information der Deutschen Nationalbibliothek:

Die Deutsche Bibliothek verzeichnet diese Publikation in der Deutschen Nationalbibliografie; detaillierte bibliografische Daten sind im Internet über http://dnb.d-nb.de/ abrufbar.

Dieses Werk sowie alle darin enthaltenen einzelnen Beiträge und Abbildungen sind urheberrechtlich geschützt. Jede Verwertung, die nicht ausdrücklich vom Urheberrechtsschutz zugelassen ist, bedarf der vorherigen Zustimmung des Verlages. Das gilt insbesondere für Vervielfältigungen, Bearbeitungen, Übersetzungen, Mikroverfilmungen, Auswertungen durch Datenbanken und für die Einspeicherung und Verarbeitung in elektronische Systeme. Alle Rechte, auch die des auszugsweisen Nachdrucks, der fotomechanischen Wiedergabe (einschließlich Mikrokopie) sowie der Auswertung durch Datenbanken oder ähnliche Einrichtungen, vorbehalten.

Impressum:

Copyright © 2017 GRIN Verlag
Druck und Bindung: Books on Demand GmbH, Norderstedt Germany
ISBN: 9783668805354

Dieses Buch bei GRIN:

https://www.grin.com/document/442311

Carla Schillings

Trainingslehre. Ausdauertraining. Diagnose, Zielsetzung/Prognose, Mesozyklus, Literaturrecherche

GRIN Verlag

GRIN - Your knowledge has value

Der GRIN Verlag publiziert seit 1998 wissenschaftliche Arbeiten von Studenten, Hochschullehrern und anderen Akademikern als eBook und gedrucktes Buch. Die Verlagswebsite www.grin.com ist die ideale Plattform zur Veröffentlichung von Hausarbeiten, Abschlussarbeiten, wissenschaftlichen Aufsätzen, Dissertationen und Fachbüchern.

Besuchen Sie uns im Internet:

http://www.grin.com/

http://www.facebook.com/grincom

http://www.twitter.com/grin_com

Deutsche Hochschule für

Prävention und Gesundheitsmanagement

Hermann Neuberger Sportschule 3

66123 Saarbrücken

Einsendeaufgabe

Fachmodul: Trainingslehre 2

Studiengang: BA Gesundheitsmanagement

Datum
Präsenzphase 11.12.2017 – 13.12.2017

Name, Vorname: Schillings, Carla

Studienort: **Köln**

Semester: **Wintersemester 2017**

Inhaltsverzeichnis

1	**TEILAUFGABE 1 - DIAGNOSE**	3
1.1	Allgemeine und biometrische Daten	3
1.2	Leistungsdiagnostik/Ausdauertest	3
1.3	Gesundheits- und Leistungsstatus der Person	4
2	**TEILAUFGABE 2 – ZIELSETZUNG/PROGNOSE**	5
3	**TEILAUFGABE 3 – TRAININGSPLANUNG MESOZYKLUS**	7
3.1	Grobplanung Mesozyklus	7
3.2	Detailplanung Mesozyklus	7
3.3	Begründung Mesozyklus	9
4	**TEILAUFGABE 4 – LITERATURRECHERCHE**	12
5	**LITERATURVERZEICHNIS**	13
6	**TABELLENVERZEICHNIS**	15
6.1	Tabellenverzeichnis	15

1 Teilaufgabe 1 - Diagnose

1.1 Allgemeine und biometrische Daten

Tab. 1: Allgemeine Daten (eigene Darstellung)

Alter	20
Geschlecht	männlich
Körpergröße	180 cm
Körpergewicht	82 kg
berufliche Tätigkeit	Schüler
aktuelle sportliche Aktivitäten	Schulsport (1x Woche 1,5 Stunden)
frühere sportliche Aktivitäten	Fußball von 10-17 Jahren (2x Woche 1,5 Stunden)
zeitlicher Verfügungsrahmen	3-4 Einheiten in der Woche (30-60 Minuten pro Einheit)
Trainingsmotive	Abnehmen, Verbesserung der Fitness

Tab. 2: Biometrische Daten (eigene Darstellung)

Parameter	Ist-Wert	Soll-Wert
Blutdruck	123/82 mmHg	120-129/80-84 mmHg (WHO, 2015)
Ruhepuls	83	70-80 (Dahm, 2016)
BMI	24,69 kg/m2	18,5 bis 24,9 kg/m2 (Lenz, Richter, Mühlhauser, 2009)
Körperfettanteil	22,00%	8% - 20% (Gallagher et al, 2000)

1.2 Leistungsdiagnostik/Ausdauertest

Das Testverfahren für einen optimalen Start in ein gezieltes Ausdauertraining wird mit dem IPN-Test und der Testdurchführung mit dem WHO-Prinzip erfolgen. Der submaximale Stufentest wird aufgrund der dreijährigen Pause des Kunden vom Training, welches Ausdauer,- Kraft- und Koordinationsschwerpunkte hatte, ausgewählt. Der Trainingsstatus ist somit untrainiert.

Eine weitere Indikation für die ausgewählte Testung ist der zu hohe Ruhepuls. Laut Dahm (2016) ist der Ruhepuls des Probanden mit drei Herzschlägen pro Minute zu hoch. Der Test wird auf dem Fahrradergometer durchgeführt, da so die die Belastung genau dosierbar ist und auch die Bewegung koordinativ leicht ist. Im Nachhinein ist ein ein Vergleich mit interindividuellen Normwerten möglich.

Testdurchführung:

Tab. 3: Voreinstufung für Testdurchführung (modifiziert nach IPN, 2004 & Trunz, 2001)

Eingangsbelastung	25
Stufendauer	2 Minuten
Belastungssteigerung	25 Watt
Trittfrequenz	70 U/min
Pulsobergrenze	155 S/min

Tab. 4: Testdurchführung IPN (eigene Darstellung)

Zeit	Watt	Hf1	Hf2	Hf3
0-2 Minuten	25 Watt	90	93	95
2-4 Minuten	50 Watt	98	99	101
4-6 Minuten	75 Watt	116	120	122
6-8 Minuten	100 Watt	130	136	139
8-10 Minuten	125 Watt	144	149	151
10-12 Minuten	150 Watt	153	155	158

Nach Trunz (2001) wird kein Pulsaufschlag bei der Voreinstufung stattfinden, da derzeit kein Ausdauertraining betrieben wird und auch seit drei Jahren kein Ausdauertraining getrieben wurde. Somit ist unsere Zielherzfrequenz bei dem IPN-Test nach WHO (2004) bei 155 Schlägen pro Minute. In Minute 12 geht der Puls aber bis auf 158 Schlägen pro Minute maximale Herzfrequenz bei 150 Watt.

Laut der Normwerttabelle nach IPN (2004) ist der Proband unter dem Durchschnitt der Ausdauerleistungsfähigkeit, da er bei der maximalen Herzfrequenz pro Kilogramm 1,77 Watt von der Leistung schafft. Die relative Watt-Soll-Leistung liegt also im unterdurchschnittlichen Bereich bei einer Intensität von 0,56 (IPN, 2004).

Insgesamt kann man sagen, dass der IPN-Test nach WHO Richtlinien unterdurchschnittlich ist und erst einmal ein Training benötigt, was die Ausdauerleistungsfähigkeit aufbaut. Das Ziel ist eine Watt-Soll-Leistung von 2,0 Watt/kg zu erreichen.

1.3 Gesundheits- und Leistungsstatus der Person

Als Schlussfolgerung hat der Kunde insgesamt einen relativ guten Gesundheitszustand ohne ausgeprägte internistische oder orthopädische Beschwerden beziehungsweise Einschränkungen. Auffällig ist, dass der Kunde eine zu hohe Herzfrequenz in Ruhe hat mit

83 S/min. Laut Dahm (2016) sollte die Herzfrequenz in Ruhe zwischen 70 und 80 S/min liegen.

Der Körperfettanteil sollte ebenfalls 2% reduziert werden durch das anstehende Ausdauertraining, da der Körperfettanteil bei Männern zwischen 8% und 20% liegt (Gallagher et al).

Der Trainingszustand der Person ist untrainiert. Dies wird einerseits gezeigt durch die geringe Aktivität, die sich allein auf Schulsport beschränkt und eine geringe Belastung aufweist. Andererseits treibt er auch in seiner Freizeit keinen Sport, vornehmlich keinen Ausdauersport. Vorerfahrungen hat er maximal durch das siebenjährige Fußballtraining, was Ausdauereinheiten beinhaltete. Doch auch Fußball treibt er seit drei Jahren nicht mehr. Der Beweis für die geringe Ausdauerleistungsfähigkeit ist das unterdurchschnittliche Ergebnis des Ausdauertests, wodurch ein genaues Ziel definiert werden kann, was erreicht werden sollte im interindividuellen Vergleich.

Da der Kunde ein Anfänger im Ausdauertrainings ist, beginnt er erst einmal mit einer geringen Intensität und auch die Trainingsdauer wird Stück für Stück gesteigert. Bei der Trainingsplanung müssen keine Kontraindikationen beachtet werden. Aus dem Grund können schnell Erfolge in Trainierbarkeit und Belastbarkeit erreicht werden.

2 Teilaufgabe 2 – Zielsetzung/Prognose

Tab. 5: Zielsetzung (eigene Darstellung)

Inhalt	Ausmaß	Zeit
Ruhepuls senken	3 S/min	6 Wochen
Leistungssteigerung beim IPN-Test nach WHO-Richtlinien	Intraindividueller Retest Steigerung um 25%	12 Wochen
Körperfettreduktion	2,00%	4 Monaten

Zunächst wird das Ziel der Senkung des Ruhepulses sein. Mit 20 Jahren schon einen zu hohen Puls in Ruhe zu haben, kann gefährliche Folgen haben. „Nicht allein für die Allgemeinbevölkerung, auch bei bestehenden kardiovaskulären Erkrankungen wie arterieller Hypertonie, koronarer Herzerkrankung, Myokardinfarkt, Herzinsuffizienz oder Schlaganfall wurde in epidemiologischen und klinischen Studien ein relevanter Zusammenhang zwischen der Herzfrequenz und der kardiovaskulären Sterblichkeit nachgewiesen" (Custodis et al, 2014, S.1661). Die genannten Folgen einer erhöhten Ruheherzfrequenz sollten den Kunden motivieren mithilfe eines Ausdauertrainings seine Herzfrequenz in Ruhe zu senken. Auch Wenzer und Haber (2017) stellen eine „Senkung der Ruhe- und Belastungsherzfrequenz" fest bei einem Ausdauertraining, welches zwei bis drei mal in der Woche stattfinden soll. Man kann sich bei der Zielsetzung der Senkung der Ruheherzfrequenz an drei Schlägen pro Minute in 6 Wochen orientieren bei einem Ausdauertraining.

Das zweite Ziel des Kunden ist sein Trainingsmotiv „Verbesserung der Fitness" - wird hier inhaltlich „Leistungssteigerung" formuliert. Die Leistungssteigerung kann mit dem IPN-Test in einem Re-Test zum nachgewiesen werden. Der oben aufgezeigte Ausdauertest wird in 12 Wochen noch einmal wiederholt, um einen intraindividuellen Vergleich feststellen zu können. Bis dahin ist das Ziel eine Leistungssteigerung um 25% zu erreichen. Eine Steigerung kann man infolgedessen an der maximalen Herzfrequenz pro Kilogramm absehen. Momentan liegt der Kunde bei 1,77 Watt/kg. Ziel ist es der Rechnung nach 2,21 Watt/kg in dem Re-Test zu erreichen. Die Steigerung kann in der Normtabelle für submaximale Radergometertests – Relative Watt-Soll-Leistung (Watt pro kg) bei Männern (IPN, 2004) abgelesen werden. Mit 2,21 würde er sich vom unterdurchschnittlichen Bereich in den durchschnittlichen Bereich steigern.

Das letzte formulierte Ziel ist eine Körperfettreduktion um 2% in vier Monaten. Der Kunde selbst hat dieses Ziel als Trainingsmotiv als „Abnehmen" benannt. Umgewandelt wurde das Ziel letztendlich als Reduktion des Körperfettanteils, da dieser biometrische Parameter über dem Normwert lag, während der BMI gerade noch an der Grenze im Normalgewicht liegt. Da bei einem Ausdauertraining nicht unbedingt ein Muskelaufbau stattfindet, sondern eher eine Fettverbrennung, wird dieses Ziel in vier Monaten zu erreichen sein. Nachgewiesen wird dies mit der InBody 770, die den Körperfettanteil in Prozent messen bzw. errechnen kann. Zehnder und Bautellier (2002) beweisen, dass eine Fettoxidation bei einem Ausdauertraining stattfindet. Je trainierter der Mann ist, desto höher liegt auch die Fettoxidationsrate in g/min.

3 Teilaufgabe 3 – Trainingsplanung Mesozyklus

3.1 Grobplanung Mesozyklus

Tab. 6: Darstellung Grobplanung Mesozyklus (eigene Darstellung)

Dauer	6 Wochen
Trainingsziele	Fettstoffwechsel anregen, Herz-Kreislauf-Training, Aufbau und Stabilisierung der Grundlagenausdauer
Trainingshäufigkeit pro Woche	3-4x
Wöchentlicher Gesamttrainingsumfang in Minuten	100-210 Minuten
Trainingsmethode	Extensive Dauermethode
Intensität von Hf_{max}	60-70%
Dauer pro Trainingseinheit	30-55 Minuten
Trainingsgeräte	Laufband und Fahrradergometer

3.2 Detailplanung Mesozyklus

Tab. 7: Darstellung Detailplanung Mesozyklus Woche 1 (eigene Darstellung)

Trainingstag	Dienstag	Donnerstag	Samstag
Trainingsziel	GA1	GA1	GA1
Trainingsmethode	Extensive Dauermethode	Extensive Dauermethode	Extensive Dauermethode
Trainingsintensität Hfmx	60,00%	60,00%	60,00%
Trainingsherzfrequenz S/min	115-125	103-113	115-125
Trainingsdauer in Minuten	30	35	35
Trainingsgeräte	Laufband	Fahrrad	Laufband

Tab. 8: Darstellung Detailplanung Mesozyklus Woche 2 (eigene Darstellung)

Trainingstag	Dienstag	Donnerstag	Samstag	Sonntag
Trainingsziel	GA1	GA1	GA1	GA1
Trainingsmethode	Extensive Dauermethode	Extensive Dauermethode	Extensive Dauermethode	Extensive Dauermethode
Trainingsintensität Hfmx	60,00%	60,00%	60,00%	60,00%
Trainingsherzfrequenz S/min	115-125	103-113	103-113	115-125
Trainingsdauer in Minuten	35	35	40	30
Trainingsgeräte	Laufband	Fahrrad	Fahrrad	Laufband

Tab. 9: Darstellung Detailplanung Mesozyklus Woche 3 (eigene Darstellung)

Trainingstag	Dienstag	Donnerstag	Samstag	Sonntag
Trainingsziel	GA1	GA1	GA1	GA1

Trainingsmethode	Extensive Dauermethode	Extensive Dauermethode	Extensive Dauermethode	Extensive Dauermethode
Trainingsintensität Hfmx	65,00%	65,00%	65,00%	60,00%
Trainingsherzfrequenz S/min	125-135	112-122	125-135	115-125
Trainingsdauer in Minuten	40	40	40	35
Trainingsgeräte	Laufband	Fahrrad	Laufband	Laufband

Tab. 10: Darstellung Detailplanung Mesozyklus Woche 4 (eigene Darstellung)

Trainingstag	Dienstag	Donnerstag	Samstag
Trainingsziel	Rekom	Rekom	Rekom
Trainingsmethode	Extensive Dauermethode	Extensive Dauermethode	Extensive Dauermethode
Trainingsintensität Hfmx	60,00%	60,00%	60,00%
Trainingsherzfrequenz S/min	115-125	103-113	115-125
Trainingsdauer in Minuten	30	35	35
Trainingsgeräte	Laufband	Fahrrad	Laufband

Tab. 11: Darstellung Detailplanung Mesozyklus Woche 5 (eigene Darstellung)

Trainingstag	Dienstag	Donnerstag	Samstag	Sonntag
Trainingsziel	GA1	GA1	GA1	GA1
Trainingsmethode	Extensive Dauermethode	Extensive Dauermethode	Extensive Dauermethode	Extensive Dauermethode
Trainingsintensität Hfmx	70,00%	65,00%	70,00%	60,00%
Trainingsherzfrequenz S/min	130-140	112-122	130-140	115-125
Trainingsdauer in Minuten	45	45	45	40
Trainingsgeräte	Laufband	Fahrrad	Laufband	Laufband

Tab. 12: Darstellung Detailplanung Mesozyklus Woche 6 (eigene Darstellung)

Trainingstag	Dienstag	Donnerstag	Samstag	Sonntag
Trainingsziel	GA1	GA1	GA1	GA1
Trainingsmethode	Extensive Dauermethode	Extensive Dauermethode	Extensive Dauermethode	Extensive Dauermethode
Trainingsintensität Hfmx	70,00%	70,00%	70,00%	60,00%
Trainingsherzfrequenz S/min	130-140	121-131	130-140	115-125
Trainingsdauer in Minuten	55	55	55	45
Trainingsgeräte	Laufband	Fahrrad	Laufband	Laufband

3.3 Begründung Mesozyklus

Der wöchentliche Umfang wird von Woche zu Woche gesteigert. In Woche 1 trainiert der Kunde drei mal, ab Woche 2 sogar schon vier mal. Dauer und Intensität bleiben in Woche 1 und 2 erst einmal konstant, da erst die Trainingshäufigkeit, dann die Trainingsdauer und zuletzt die Trainingsintensität gesteigert wird. Ab der dritten Woche wird die Trainingsdauer verlängert und abgesehen von Woche 4 – der Erholungsphase – wird die Dauer konstant erhöht. Der Kunde ist jung und hat eine schnelle Anpassungsfähigkeit. Er hat außerdem die Möglichkeit vier mal in der Woche zu trainieren und aus dem Grund sollte er das auch tun. Bei mindestens 30 Minuten Trainingsdauer liegt das Ausdauertraining in der Langzeitausdauer 2. In diesem Bereich wird die oxidative Energiebereitstellung, der Glukosestoffwechsel und der Speicher der Glukose und die Laktattoleranz besonders angesprochen und gewinnen eine leistungsbestimmende Bedeutung (Gimbel, 2014). Deswegen liegt jede einzelne Trainingsdauer bei mindestens 30 Minuten. Ziel ist es, die Trainingsdauer auch in der weiteren Trainingsplanung zu erhöhen und in den nächsten Mesozyklen auf 90 Minuten, sogar bis zu 120 Minuten zu gelangen. Je länger die Trainingsdauer, desto mehr Fettsäuren werden als Energiebereitsteller genutzt (Hottenrott & Neumann, zitiert nach Jeukendrup & Gleeson, 2004). Das Ziel der Reduktion des Körperfettanteils wird mit dieser Methode erreicht.

In den ersten sechs Wochen hält sich der Trainierende an die extensive Dauermethode. „Die extensive Dauermethode ist durch Beanspruchungen im Bereich der aeroben Schwelle und des aerob-anaeroben Übergangs gekennzeichnet. Die Herzfrequenz kann in Abhängigkeit vom Trainingszustand und Alter des Sportlers ca. 110 bis 160 Schläge/min betragen, die Dauer von ca. 20 Minuten bis zu mehreren Stunden." (Olivier, Marshall & Büsch, 2008). Somit trainiert der Kunde in einer aeroben Stoffwechsellage bis hin zur anaeroben Schwelle.

„Dauermethoden sind durch eine kontinuierliche Belastung ohne Pausen bei konstanter Beanspruchungsintensität gekennzeichnet" (Olivier, Marschall,& Büsch, 2008). Der Kunde ist Fitness- und Gesundheitssportler für den eine Trainingsintensität zwischen 60-75% Hfmax von Hottenrott und Neumann et al vorliegt (1997, 2007). Dies begründet auch die Belastungsintensität der maximalen Herzfrequenz.

Die Trainingswirkung liegt auf der einen Seite in der Absenkung der Ruheherzfrequenz, was eines der drei Ziele des Kunden ist. Auf der anderen Seite wird durch die extensive

Dauermethode der Fettstoffwechsel verbessert (Zintl & Eisenhut, 2001). Die Reduktion des Körperfettanteils ist ebenfalls ein Ziel, das aus dem biometrischen Parameter abgelesen werden kann und wird auch in dieser Begründung mit beachtet. Um dem dritten Ziel, „Leistungsfähigkeit steigern" gerecht zu werden, wird mit und mit die Trainingshäufigkeit, -dauer und die Belastungsintensität gesteigert.

Im nächsten Mesozyklus wird der nächste Schritt sein, die intensive Dauermethode und ein extensives Intervalltraining einzubauen, wodurch das Herz-Kreislauf-System besser trainiert wird und seine Leistungssteigerung fortgesetzt wird. Auch die Trainingsmethode HIIT soll eingebaut werden, denn Tremblay, Simoneau und Bouchard (1994) zeigen in einer Studie, dass Personen, die High Intensity Intervall Training absolvieren einen höheren subkutanen Fettverlust erzielen, dadurch dass die Sympathikusaktivität erhöht ist und eine gesteigerte Nachverbrennung stattfindet. So kann das Ziel „2% Reduktion des Körperfettanteils in 4 Monaten" im 3. Mesozyklus erreicht werden.

Die Belastungsprogression bedeutet Trainingshäufigkeit, Trainingsumfang und Trainingsintensität multipliziert und genau nach dieser Reihenfolge sollte auch eine Erhöhung stattfinden (Glatzfelder & Rohner, 2005). Aus diesem Grund wird zuerst die Trainingshäufigkeit erhöht von drei auf vier Einheiten in der Woche, daraufhin wird die Belastungsdauer erhöht und zuletzt die Belastungsintensität. Die Belastungsdauer fängt bei 30 Minuten an und steigert sich bis hin zu 55 Minuten in sechs Wochen. Bei der extensiven Dauermethode liegt die Belastungsintensität zwischen 60% und 75%. Dementsprechend wird von Woche 1 bis Woche 6 die Belastungsintensität auf 75% erhöht. Dadurch wird die maximale Herzfrequenz gesteigert und berechnet nach der Formel von ACSM (1998), Kindermann (1987) und Schwarz et al (2002). Die Formel für das Fahrrad ist 200-LA=Hfmax(+/-10 S/min), die Formel für das Laufband ist 220-LA=Hfmax (+/-10 S/min)

Noch bleibt in diesem Zyklus die Trainingsmethode gleich. Wie oben beschrieben, wird erst ab den darauffolgenden Zyklen mit der Belastungsprogression auch die Trainingsmethode verändert.

Die ersten sechs Wochen ist das Trainingsziel die Grundlagenausdauer 1. Der Energiestoffwechsel arbeitet im GA 1- Bereich aerob und gewinnt die Energie aus der Verbrennung von Fett und Kohlenhydraten. Als Anfänger ist es wichtig die Grundlagenausdauer in den ersten sechs Wochen zu trainieren, da dies die Basis aller leistungsbestimmenden Fähigkeiten im Ausdauersport darstellt. Regenerationsfähigkeit, die maximale Leistung oder die Tempohärte wird mit der Grundlagenausdauer im GA1 Bereich erzielt (Hottenrott, 2006; Neumann et al. 2007). Das übergeordnete Trainingsziel ist in den ersten sechs Wochen ausgelegt auf den Grundlagenausdauerbereich 1 und die Entwicklung der Grundlagenausdauer, um ein höheres Leistungsniveau erreichen zu können in den folgenden Mesozyklen.

Der angesteuerter Trainingsbereich liegt in jeder Woche, außer in Woche 4, im Grundlagenausdauerbereich 1, in der auch die oben genannte Trainingsmethode „Extensive Dauermethode" vorzüglich genutzt wird. (Neumann et al, 2007, Hottenrott, 2006). Die vierte Woche ist eine regenerative Phase, da so das Belastungs- und Erholungsverhältnis 3:1 eingehalten wird. Die REKOM-Phase dient dazu, nach der Regeneration die Belastbarkeit für darauffolgende intensivere Trainingseinheiten zu erhöhen (Hottenrott 2006; Neumann et al, 2007)

Die Auswahl der Ausdauergeräte beschränkt sich auf das Fahrrad und Laufbandergometer. Während das Laufband das Ausdauergerät mit dem höchsten Energie- bzw. Kalorienverbrauch ist, steht das Fahrradergometer für ein Ausdauergerät, welches koordinativ einfach ist und eine individuelle Belastungsdosierung handhaben kann, was für einen anfänglichen Ausdauersportler von Vorteil ist. Auch Rost und Hollmann (1982) erläutern, dass je mehr Muskelmassenanteil bei einer Bewegung arbeitet, desto höher ist die Volumenarbeit des Herz-Kreislauf-Systems. Beim Laufen ist somit der cardiomanipulare Effekt höher als beim Fahrrad. Das Ziel „Abnehmen" und „Ruhepulssenkung" kann mithilfe des Laufbandergometers schneller erreicht werden (Achten, Venables & Jeukendrup, 2003). Einmal in der Woche wird zur Abwechslung und zur besseren Steuerung das Fahrradergometer genutzt.

Der Kunde hat in seinem Alltag eine eher sitzende Tätigkeit und auch außerhalb der Schule treibt er keinen Sport. Es ist wichtig, dass der Kunde in die stehende/laufende Position kommt und nicht nur auf dem Fahrrad Ausdauertraining betreibt, da er im Alltag schon genug sitzt.

4 Teilaufgabe 4 – Literaturrecherche

Tab. 13: Vergleich zweier Studien - Effekte des Ausdauertrainings auf COPD (modifiziert nach Spielmann, et al (2014) und Adler et al (2016))

Titel	„Intervall versus kontinuierliches Ausdauertraining bei COPD-Patienten: eine Studie im Cross-over Design"	„Effekte eines Laufbandtrainings nach der Intervall- versus Dauermethode bei COPD-Patienten – eine randomisierte, kontrollierte Pilotstudie"
Wer hat die Studie durchgeführt?	Spielmann, Winkler, Fuchs-Bergsma, Baum	Adler, Glöckl, Iarosch, Kenn
Jahr der Publikation	2014	2016
Versuchspersonen	36 Patienten mit einer moderaten bis schweren COPD (Alter: 62 ± 10J, FEV1: 37 ± 15%)	21 Patienten mit COPD III und IV nach GOLD (Alter: 62 ± 10J, FEV1: 37 ± 15%)
Versuchsaufbau	Im Rahmen einer 3-wöchigen pneumologischen Rehabilitation (PR) wurden 21 Patienten mit COPD III und IV nach GOLD (Soll, 6-Minuten-Gehstrecke [6MWD]: 387 ± 114 m) in eine von zwei Trainingsgruppen randomisiert. 10 Patienten führten das Gehtraining nach der DM (5x/Wo) bei einer Intensität von 60% der 6-Minuten Gehtest-Geschwindigkeit und 11 Patienten als IT bei 120% auf dem Laufband durch. Die Trainingsdauer wurde während der PR von 10 Min auf 36 Min kontinuierlich gesteigert.	In dieser Studie unterzogen sich die Patienten einem strukturiertem Training von steigender Intensität und 24 wöchiger Dauer. Hierbei wurden im Cross-over-Design die beiden Trainingsmethoden verglichen. 36 Patienten mit einer moderaten bis schweren COPD trainierten 3 mal pro Woche über 30 Minuten auf dem Fahrradergometer. Im Cross-over-design wurde zunächst mit der kontinuierlichen Ausdauermethode trainiert und nach 12 Wochen mit der Intervallmethode das Training fortgesetzt oder umgekehrt. Zur Vergleichbarkeit der Gruppen wurde die Gesamtarbeit gleich groß gehalten. Die Belastungsintensität wurde alle 3 Wochen um 5% gesteigert. Lungenfunktion, Spiroergometrie, 6-MWT und Lebensqualität (SF-36) wurde zu Beginn, nach 12 und 24 Wochen gemessen.
Ergebnisse und Schlussfolgerungen	In der Studie mit COPD-Patienten konnte gezeigt werden, dass ein Fahrradergometer-Training mit intensivem Intervalltraining (IT) hinsichtlich der Dyspnoe und der Anzahl an ungeplanten Pausen einem moderaten Ausdauertraining nach der Dauermethode (DM) überlegen ist. Die subjektiv empfundene Atemnot (modifizierte BORG-Skala) war während des Trainings im Mittel in der IT-Gruppe geringer als in der DM-Gruppe. Die 6MWD verbesserten sich durch das Training ohne signifikanten Gruppenunterschied. In der DM-Gruppe war die Anzahl der ungeplanten Pausen während des Trainings höher als in der IT-Gruppe. Es wurden keine trainingsbezogenen Komplikationen oder andere unerwünschte Nebenwirkungen beobachtet. Das Training nach der IT als auch nach der DM auf dem Laufband scheinen die körperliche Leistungsfähigkeit in gleichem Ausmaß zu verbessern. Die Dyspnoe während des Trainings und die ungeplanten Pausen waren in der IT-Gruppe geringer als in der DM-Gruppe. Das IT-Training scheint bei COPD-Patienten mit hohem Schweregrad ähnlich wie beim Fahrrad-Ergometertraining besser tolerabel zu sein.	Unabhängig von der Trainingsmethode verbesserte sich die Lebensqualität, die Gehstrecke im 6-MWT, die maximale Sauerstoffaufnahme und die maximale Belastbarkeit in der Spiroergometrie in den Messungen nach 12-wöchigem Training signifikant. Eine weitere signifikante Verbesserung bis zum Ende der Studie wurde nicht mehr gesehen. Die Bevorzugung einer Trainingsart war unter der Teilnehmern nicht zu erkennen. Die Ergebnisse lassen vermuten, dass die Art der Trainingsmethode keinen Einfluss auf den Trainingsgewinn bei COPD-Patienten hat. Gemäß der Ergebnisse der Studie ist die Akzentuierung einer der beiden untersuchten Trainingsformen demnach weder subjektiv noch objektiv notwendig.

5 Literaturverzeichnis

American College of Sports Medicin (ACSM). (1998). *Resource Manual for Excercise Testing and Prescription* (7. ed.). Philadelphia: Lippincott Williams & Wilkins)

Achten, J. Venables, M. C., & Jeukendrup, A., E.(2003). Fat oxidation tares are higher during running compared with cycling over a wide range of intensities. *Metabolism, 52,* 747-752.

Adler S., Glöckl R., Jarosch I., Kenn K. (2016). Effekte eines Laufbandtrainings nach der Intervall- versus Dauermethode bei COPD-Patienten – eine randomisierte, kontrollierte Pilotstudie. *Pneumologie*. Marburg: Georg Thieme Verlag KG.

Benzer, W., Haber, P. *Training als medizinisch verordnete Therapie – kardiovaskuläre und metabolische Auswirkungen.* Feldkirch-Tisis, 67.

Custodis, F., Reil J.-C., Schirmer S. H., Adam O. , Möhlenkamp S.,Laufs U.,Böhm M. (2014). Herzfrequenz: klinische Variable und Risikomarker. *Deutsche medizinische Wochenschrift 139* (33). Stuttgart: Georg Thieme Verlag KG, 1661-1672.

Dahm, Valeria (2016). *Ruhepuls*. Zugriff am 18.12.2017. Verfügbar unter: http://www.netdoktor.de/diagnostik/puls-puls/#/welcher-puls-ist-normal.

Gallagher, D., Heymsfield, S.B., Heo, M. et al (2000) Healthy percentage body fat ranges: an approach for developing guidelines based on body mass index. *Am. J. Clin. Nutr. 72 (3)*, 694-701.

Gimbel, B. (2014). *Körpermanagement, Planung und Steuerung des Ausdauertrainings.* Heidelberg: Springer-Verlag Berlin.

Glatzfelder T. & Rohner R. (2005). *Trainingslehre Ausdauer.* Bern-Kirchenfeld. 14.

Haber P. (2017). *Zehn allgemeine Grundregeln des Trainings.* Leitfaden zur medizinischen Trainingsberatung. Heidelberg: Springer Verlag Berlin.

Hottenrott, K. (2006). Trainingskontrolle mit Herzfrequenz-Messgeräten. Aachen: Meyer & Meyer.

Hottenrott K. & Neumann, G. (2016) *Trainingswissenschaft* (3. überarbeitete Aufl.). Meyer und Meyer Verlag: Aachen. 78.

Institut für Prävention und Nachsorge (IPN). (2994). *IPN-Test-Ausdauertest für den Fitness- und Gesundheitssport.* Köln: Institut für Prävention und Nachsorge.

Jeukendrup, D. & Gleeson, M. (2004). Sport Nutrition. An Introduction into Energy production and Perfomance. Champaign, IL: Human Kinetics.

Jeschke, D. (1991). Fitness und Gesundheit – Medizinische Grundlagen für das Training im Breitensport. H. Digel (Hrsg.), *Wettkampfsport – Wege zu einer besseren Praxis*. Aachen: Meyer & Meyer, 33-45.

Kindermann, W. (1987). Ergometrie-Empfehlung für die ärztliche Praxis. *Deutsche Zeitschrift für Sportmedizin, 38*. 244-268.

Kemmler W. , Tutor M., Lell M., Scharf M., Fraunberger L., von Stengel S. (2014) .Einfluss hoher vs. niedriger Reizintensität auf die Ausdauerleistungsfähigkeit untrainierter Männer – die RUSH-Studie. Einfluss der Reizintensität beim Ausdauertraining. Nürnberg: *Deutsche Zeitschrift für Sportmedizin, 65* (5). 120-126.

Lenz, M., Richter, T. & Mühlhauser, I. (2009). Morbidität und Mortalität bei Übergewicht und Adipositas im Erwachsenenalter. *Deutsches Ärzteblatt 106* (40), 641.

Neumann, G., Pfützner, A. & Berbalk A. (2007). *Optimiertes Ausdauertraining* (5. Überarb. Aufl.). Aachen: Meyer und Meyer.

Olivier, N., Marschall, F. & Büsch, D. (2008). Grundlagen der Trainingswissenschaft und -lehre. *Grundlagen der Sportwissenschaft*. (2. überarb. Aufl.): hofmann.

Rost R. & Hollmann, W. (1982). *Belastungsuntersuchungen in der Praxis. Grundlagen, Technik und Interpretation ergometrischer Untersuchungsverfahren*. Stuttgart: Georg Thieme Verlag.

Schwarz, M., Schwarz L., Urhausen, A. & Kindermann, W. (2002). Vergleich des Beanspruchungsprofils beim Walking, Jogging und bei der Fahrradergometrie bei unterschiedlich leistungsfähigen Personen. *Deutsche Zeitschrift für Sportmedizin, 52 (4)*, 136-141.

Spielmann M., Winkler A., Fuchs-Bergsma C., Baum K. (2014). Intervall versus kontinuierliches Ausdauertraining bei COPD-Patienten: eine Studie im Cross-over Design. *Pneumologie*. Stuttgart: Georg Thieme Verlag KG.

Trunz, E. (2001). IPN-Test – Ausdauertest für den Fitness- und Gesundheitssport. Köln, Institut für Prävention und Nachsorge.

World Health Organization (2015). *Q&As on hypertension*. Zugriff am 18.12.2017 Verfügbar unter: http://www.who.int/features/qa/82/en/.

Zehnder, M. & Bautellier, U. (2002). Fatburner oder Fettverbrennung durch Sport – Mythos und Wahrheit. PAX Forum, 30.

Zintl F. & Eisenhut, A. (2001) *Ausdauertraining. Grundlagen – Methoden – Trainingssteuerung* (5. Aufl.). München: BLV Sportwissen.

6 Tabellenverzeichnis

6.1 Tabellenverzeichnis

Tab. 1: Allgemeine Daten (eigene Darstellung)

Tab. 2: Biometrische Daten (eigene Darstellung)

Tab. 3: Voreinstufung für Testdurchführung (modifiziert nach IPN, 2004 & Trunz, 2001)

Tab. 4: Testdurchführung IPN (eigene Darstellung)

Tab. 5: Zielsetzung (eigene Darstellung)

Tab. 6: Darstellung Grobplanung Mesozyklus (eigene Darstellung)

Tab. 7: Darstellung Detailplanung Mesozyklus Woche 1 (eigene Darstellung)

Tab. 8: Darstellung Detailplanung Mesozyklus Woche 2 (eigene Darstellung)

Tab. 9: Darstellung Detailplanung Mesozyklus Woche 3 (eigene Darstellung)

Tab. 10: Darstellung Detailplanung Mesozyklus Woche 4 (eigene Darstellung)

Tab. 11: Darstellung Detailplanung Mesozyklus Woche 5 (eigene Darstellung)

Tab. 12: Darstellung Detailplanung Mesozyklus Woche 6 (eigene Darstellung)

Tab. 13: Vergleich zweier Studien von Effekten des Ausdauertrainings auf COPD (modifiziert nach Spielmann, et al (2014) und Adler et al (2016))

BEI GRIN MACHT SICH IHR WISSEN BEZAHLT

- Wir veröffentlichen Ihre Hausarbeit, Bachelor- und Masterarbeit

- Ihr eigenes eBook und Buch - weltweit in allen wichtigen Shops

- Verdienen Sie an jedem Verkauf

Jetzt bei www.GRIN.com hochladen und kostenlos publizieren